Kleines Hufeisen
Großes Hufeisen

Im Stall und auf der Weide

geschrieben von Isabelle von Neumann-Cosel,
illustriert von Jeanne Kloepfer

FN **h**u*feisen*
sachbuch

Die Deutsche Bibliothek – CIP-Einheitsaufnahme

Im Stall und auf der Weide / geschrieben von Isabelle von Neumann-Cosel.
Ill. von Jeanne Kloepfer. - Warendorf : FN-Verl. der Dt. Reiterlichen
Vereinigung, 1998
    (FN-Hufeisen-Sachbuch) (Kleines Hufeisen – Großes Hufeisen)
    ISBN 3-88542-332-4

© 1998 **FN***verlag* der
Deutschen Reiterlichen Vereinigung GmbH, Warendorf
Alle Rechte vorbehalten.
Nachdruck, auch auszugsweise, nur mit schriftlicher
Genehmigung des Verlages.

Autorin: Isabelle von Neumann-Cosel, Edingen-Neckarhausen
Illustratorin: Jeanne Kloepfer, Heidelberg
Layout: Medium GmbH, Beelen
Fotos: C.T. Nebe, Ladenburg, Seiten 17, 26, 27, 33 und 39.
Werner Ernst, Ganderkesee, Seiten 5, 9 und 15.
Jean Christen, Mannheim, Seiten 12 und 23.
Lithografie: D & L Reichenberg GmbH, Bocholt
Digitale Bogenmontage, Druck und Verarbeitung:
MediaPrint, Paderborn

Der Text dieses Buches entspricht den Regeln der
neuen deutschen Rechtschreibung

ISBN 3-88542-332-4

Wo finde ich was?

Laufen in der großen Weite
Wie Wildpferde lebten

Die Urwildpferde

Urwildpferde, die Vorfahren aller unserer heutigen Pferderassen, sind beinahe ausgestorben. Nur noch einige wenige Exemplare leben unter ewigem Naturschutz in den Steppen Zentralasiens.

Die letzte bekannte Urwildpferderasse sind die Przewalski-Pferde. Tierschützer und Biologen bemühen sich um diese vom endgültigen Aussterben bedrohte Rasse. Heutzutage versucht man, in Zoos oder Tierparks geborene Przewalski-Pferde wieder in ihrer ursprünglichen Heimat, den Hochebenen der Mongolei, auszusiedeln.

In unseren Augen sind diese mittelgroßen Ponys nicht gerade Pferdeschönheiten. Sie haben dicke

Ramsnasen ohne Stirnschopf, ein helles Mehlmaul und ein graubraunes, struppiges Fell mit schwarzem Aalstrich auf dem Rücken.

Und doch: Etwas vom Erbteil der Wildpferde steckt auch in jedem schicken Turnierpferd!

➔ Aus dem Leben der Wildpferde kannst du die ursprünglichen Lebensbedingungen und das natürliche Verhalten unserer heutigen Reitpferde und Ponys kennenlernen.

Tipp

➔ **In großen Tierparks, z.B. in München, kannst du wild lebende Pferde beobachten.**

Laufen in der Steppe

Die weitläufige **Steppe** ist der ursprüngliche **Lebensraum** der Wildpferde. Hier verbringen sie viele Stunden am Tag mit der Nahrungsaufnahme.

Das Futterangebot in der Steppe ist keine üppige grüne Wiese. Wildpferde mussten jeden Tag **große Strecken** zurücklegen, um sich ernähren zu können: bei der Suche nach schmackhaften Halmen im gemächlichen **Schritt**, auf dem täglichen Weg zur Wasserstelle und zu neuen Futterplätzen im raumgreifenden **Trab**, auf der Flucht in rasendem **Galopp**.

Im Sommer müssen Wildpferde mit großer **Hitze**, im Winter mit großer **Kälte** und sehr **wenig Futter** zurechtkommen. Ihr Fell passt sich wechselnder **Witterung** optimal an. Notfalls scharren sie unter dem Schnee letzte trockene Halme hervor. Wenn es nichts anderes gibt, knabbern sie Baumrinde, Moos und Flechten.

Pferde sind friedliebende **Pflanzenfresser**. Ihre Waffen – harte **Hufe** und scharfe **Zähne** – sind durchaus bedrohlich. Aber im Kampf gegen ein großes **Raubtier** können sie damit nicht genug ausrichten.

Um sich zu schützen, müssen sie stets als **Herde** zusammenbleiben, **wachsam** sein und beim ersten Anzeichen von Gefahr **flüchten**.

Wildpferde kannst du in Deutschland nur noch an einer Stelle beobachten: bei den **Dülmener Wildpferden** (Foto oben). Sie leben im Merfelder Bruch bei Münster.

Licht, Luft, Platz, Gesellschaft

Wildlebende Pferde wissen genau, welches Futter ihnen bekommt. Sie meiden aus ihrem sicheren **Instinkt** heraus **giftige Pflanzen** und finden mit traumwandlerischer Sicherheit die Stellen mit den besten, gesündesten **Kräutern**. Wo der Boden besondere **Mineralstoffe** enthält, lecken sie geduldig – so wie du es auf dem linken Bild sehen kannst.

Selbst wenn bei vielen unserer heutigen Reitpferde die natürlichen Instinkte verschüttet oder gar verkümmert sind, weist ihr **Verhalten** auf das Leben in der Steppe zurück. Wenn man den ursprünglichen Lebensraum der Pferde betrachtet, weiß man, was sie zu ihrem Wohlbefinden brauchen:

■ Licht,
■ Luft,
■ Platz und die
■ Gesellschaft von Artgenossen.

Für das Laufen in der großen Weite sind sie wie geschaffen.

→ Darum ist auch Ausreiten für dich wie für dein Pferd die allerschönste Beschäftigung.

Spielend lernen
Groß werden in der Herde

Pferdemutter und Kind

Es dauert elf Monate, bis eine **Stute** ein **Fohlen** zur Welt bringt.

Die meisten Pferdekinder werden heutzutage in Boxen geboren, umsorgt und bewacht von Menschen, die dem Fohlen den Start ins Leben so einfach und sicher wie möglich gestalten möchten.

Bald nach der Geburt lernt das Fohlen Menschen kennen: Es wird vom Besitzer gestreichelt, vom Tierarzt geimpft.

Tipp

→ **Suche dir als eigenes Pferd nur eines aus, das in der Herde aufgewachsen ist.**

Pferde sind sogenannte **Nestflüchter**. Sie kommen fix und fertig auf die Welt, mit offenen Augen und komplettem Fell. Sie können bald **nach der Geburt** laufen, traben, galoppieren und sogar kleine Sätze machen.

Ein halbes Jahr lang lebt das Fohlen eng mit der **Mutter** zusammen. Es ernährt sich nicht nur von der Muttermilch, sondern schaut sich auch von ihr die wichtigsten **Überlebenstechniken** ab. Dazu gehört es, Fressbares von Nicht-Fressbarem zu unterscheiden, sowie der Umgang mit anderen Pferden.

Aufwachsen in der Herde

Jedes Fohlen muss die **Pferdesprache** erlernen. Es muss fremde Pferde erkennen und ihre Signale richtig deuten. Es muss entscheiden können zwischen freundlicher Annäherung oder Angriff, gelassenem Abwarten oder Flucht, gelangweiltem Dösen oder explosiver Spannung. Und nicht zuletzt muss ein Pferdekind lernen, seinen **Platz in der Gruppe** zu erobern und zu behaupten.

In großen Gestüten und bei verantwortungsbewussten Züchtern bleiben Fohlen nie allein. Schon neben der Mutter lernen sie andere Fohlen kennen.

Ein besonderer Einschnitt in ihrem Leben ist die Trennung von der Mutter, in der Züchtersprache **Absetzen** genannt. **Absatzfohlen** brauchen unbedingt die **Gesellschaft** von gleichaltrigen Spielgefährten. So trösten sie sich am besten über die schmerzliche Trennung hinweg.

Vom Spiel zum Ernst

Junge Fohlen kann man immer wieder beim **Spielen** beobachten. Sie balgen sich wie Menschenkinder, probieren aus, wer der Stärkere ist, laufen um die Wette, ahmen sich nach oder kraulen sich genüsslich gegenseitig.

Das alles ist wichtig, damit aus einem Fohlen ein gesundes, selbstbewusstes, gelassenes Pferd werden kann.

➜ Mache dir klar, dass Fohlen keine Spielgefährten für Kinder sind.

Fohlenerziehung fängt früh an. Jedes Fohlen muss lernen, sich überall berühren zu lassen, ein **Halfter** zu tragen und alle vier **Hufe** zu **geben**.

Wenn ein Pferd diese Dinge im Fohlenalter nicht gelernt hat, hat ein späterer Besitzer oft erhebliche **Probleme**, das Pferd etwa **anzubinden** oder **beschlagen** zu lassen.

Je nach Rasse und Verwendungszweck wird mit der **Ausbildung zum Reitpferd** im Alter von drei bis vier Jahren begonnen.

➜ Pferde brauchen genügend Zeit, um sich zu entwickeln.

Wer ist der Stärkere
Die Rangordnung muss sein

Immer der Reihe nach

In jeder Pferdeherde wird klar geregelt, wer der Stärkste ist. Stell dir das Zusammenleben in einer **Wildpferdeherde** vor: einer muss das entscheidende Kommando zur Flucht geben, und alle anderen müssen darauf hören. Wollten sie dann ausdiskutieren, wer das Sagen hat, wären sie eine leichte Beute für gefährliche Raubtiere. Wildlebende Pferde würden viel zu viel Energie vergeuden, wenn sie jedes Mal um den besten Platz an der Wasserstelle und das begehrteste Futter streiten wollten. In einer Herde ist diese **Reihenfolge** klar **festgelegt**.

Tipp

Gehe aufrecht und bestimmt auf ein Pferd zu. Es erkennt auch deine Körpersprache!

In einer Pferdeherde geht es zu wie in einer lebhaften Großfamilie. Absoluter Boss ist der **Leithengst**, aber auch die **Leitstute** wird dank ihrer Erfahrung von ihm und allen anderen respektiert.

Viele spannende Geschichten handeln davon, dass Wildpferdehengste auf Tod und Leben miteinander **kämpfen**. Solche Kämpfe sind aber sehr, sehr selten!

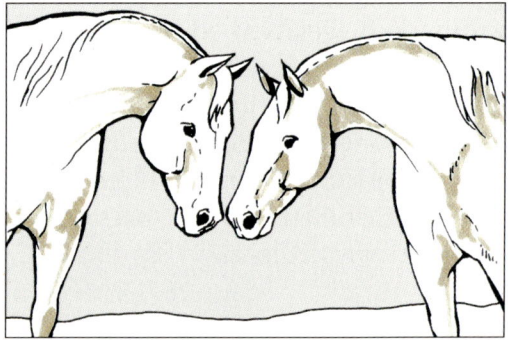

Begegnung von Pferden Nase an Nase

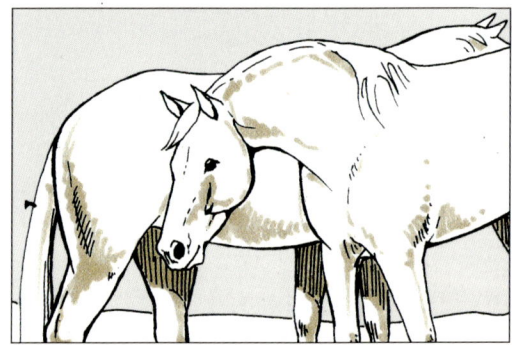

„Kann ich dich riechen?"

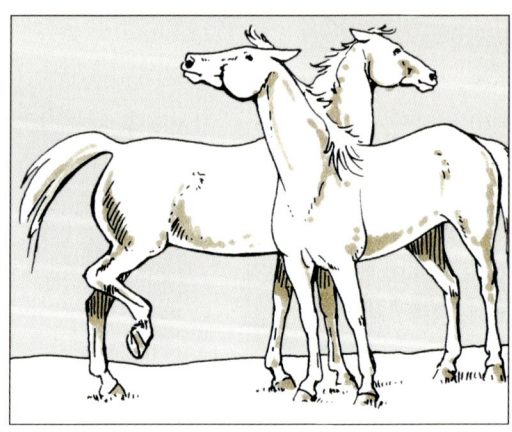

„Hau ab, oder…"

Der Schwächere gibt nach

In der Regel setzen Pferde sich gegenseitig mit Bissen und Tritten solange zu, bis einer **ausweicht** und sich zurückzieht. Damit erkennt der Schwächere die Überlegenheit des anderen an und wird in Ruhe gelassen. Meistens gehen diese Kämpfe **ohne** ernsthafte **Verletzungen** ab.

Der Leithengst duldet in seiner Umgebung durchaus andere Hengste, solange sie ihm nicht die **Vorherrschaft** streitig machen.

Einer ist allein…

Für Pferde gilt der Spruch: Einer ist allein, zwei sind eine Herde. Nur die **Gemeinschaft mit anderen Pferden** bietet

- Gesellschaft
- Schutz
- Sicherheit

Schon die Situation, ganz allein geritten zu werden, ist eine große Herausforderung für ein junges Pferd.

→ Niemals solltest du ein Pferd ohne Artgenossen halten.

Pferde **reagieren** aufeinander, wo immer sie miteinander in **Kontakt** kommen: nicht nur auf der Weide, sondern auch im Stall, in der Reithalle, im Gelände, in fremder Umgebung, im Pferdeanhänger.

→ Mit einem sicheren Führpferd voran fällt jungen Pferden jede neue Übung leichter.

Menschen und die Rangordnung

Es liegt in der **Natur** der Pferde, uns Menschen **herauszufordern**. Für ein

Wer ist am stärksten?

Pferd muss die Frage geklärt sein: Wer ist **ranghöher**, der Mensch oder ich?

Eine gute **Fohlenerziehung** macht bereits dem jungen Tier ohne Gewalt klar, dass jeder **Mensch** ein **ranghohes Wesen** ist, dem man gehorchen muss.

Stell dir einmal ein Pferd vor, dass diese Lektion nicht gelernt hat! Wenn es beim Führen, Putzen, Hufe hochheben, beim Satteln, Auftrensen, Aufsitzen und Reiten plötzlich streikt und sich auf seine Kräfte besinnt…

Für deine eigene **Sicherheit** ist es wichtig, dass du dem Pferd gegenüber stets als ranghöheres Wesen auftrittst.

Verhalte dich **ruhig**, **bestimmt** und **konsequent**. Wenn ein Pferd dich trotzdem **nicht respektiert**, dann suche den Rat eines Fachmannes.

→ Lass dich niemals zum Kräftemessen mit dem Pferd verleiten, auch nicht zum Spaß. Du ziehst immer den Kürzeren!

Lauf, so schnell du kannst
Pferde sind Fluchttiere

Auf und davon

Bei einer Pferdeherde auf der Weide kann man manchmal beobachten, wie alle Pferde wie auf ein geheimes Kommando hin gemeinsam davonpreschen. **Flucht** gehört zum **natürlichen Verhalten** der Pferde. Ihre Waffen, scharfe Zähne und harte Hufe, sind nicht wirkungsvoll genug gegen ihre natürlichen Feinde, die großen Raubtiere. Flucht ist die beste **Garantie** für **Sicherheit**. So **beobachten** Pferde mit scharfen Augen, hellhörigen Ohren und feiner Nase stets aufmerksam ihre Umgebung. Kommt ihnen etwas unbekannt und nicht ganz geheuer vor, dann gehen sie blitzschnell auf **Abstand**.

Aber zum Glück sind sie auch **neugierig** und gehen interessiert und mutig auf Neues zu. Haben sie sich erst einmal von der Ungefährlichkeit einer Sache überzeugt, dann **gewöhnen** sie sich auch an laute Geräusche oder schnelle Bewegungen, die ihnen sonst unangenehm sind.

Leider gibt es keine Faustregel dafür, wann Pferde die Flucht ergreifen; entscheidend dafür sind das natürliche **Temperament** und die **Erfahrung**. Wo ein Pferd gelassen vorbeigeht, nimmt ein anderes panisch reißaus.

Tipp

→ Lerne beobachten: Wovor hat dein Pferd Angst und wovor scheut es?

Das Scheuen

In der Reitersprache nennt man das stets bereite Fluchtverhalten der Pferde das **Scheuen**. Es kann beim Umgang mit dem Pferd und beim Reiten sehr unangenehm sein. Viele **Unfälle** im Reitsport werden durch das Scheuen eines Pferdes verursacht.

Scheuen lässt sich Pferden **nie** grundsätzlich **abgewöhnen**.

→ Sei stets aufmerksam, auch wenn du mit einem ruhigen, braven Pferd umgehst.

Durch Beobachtung kannst du lernen, wovor Pferde scheuen: laute **Geräusche** und schnelle, heftige **Bewegungen** sind ihnen unheimlich. Aber auch unangenehme **Gerüche** – zum Beispiel nach Blut oder Feuer – werden als Bedrohung aufgenommen.

Sehr heftig reagieren viele Pferde auf Geräusche, die in der freien Natur die Annäherung eines anderen Tieres anzeigen: raschelndes Laub oder knackende Äste.

Außerdem **steckt** das Scheuen **an**: So kann ein einziges Pferd, das die Nerven verliert, bei einem Ausritt eine ganze Reitergruppe gefährden.

→ Versuche, die Welt mit Pferdeaugen zu sehen. So erkennst du früher, wovor dein Pferd vielleicht scheut.

Gegen die Gefahr

Nicht jedes Scheuen ist panische Flucht – Pferde **reagieren** sehr **unterschiedlich** durch Stehenbleiben, Rückwärtskriechen, Wegspringen, Seitwärtsdrängeln oder Flucht in Bocksprüngen, schlimmstenfalls durch Steigen und Wegdrehen. Wenn du dein Pferd gut kennst, wirst du durch eine mögliche Reaktion nicht so schnell überrascht.

Je besser ein Pferd den **Reiterhilfen gehorcht** und je mehr es dir **vertraut**, um so eher kann es seine **Angst überwinden** lernen. Wenn dein Pferd sich vor etwas fürchtet, dann stelle es stets **gegen** die drohende **Gefahr**. Pferde drängeln stets von unangenehmen Gegenständen weg. Droht Gefahr von rechts, dann stelle dein Pferd nach links und reite so vorbei, als ob du dem linken Schenkel weichen lassen wolltest.

→ Merke dir: den Pferdekopf weg, den Pferdekörper hin zur Gefahrenquelle.

Bei ruhiger, **geduldiger Behandlung** und in Gesellschaft eines gelassenen **Führpferdes** kannst du ein Pferd an viele verschiedene Situationen gewöhnen. Allerdings gibt es auch Pferde, die schlechte Erfahrungen gemacht haben und vor irgendwelchen Dingen **panische**, unüberwindliche Angst haben. Lass die Finger von so einem Pferd.

→ Reite nie auf einem Pferd aus, das nicht verkehrssicher ist.

Die Sprache der Pferde
Deutliche Haltung und sprechendes Gesicht

Lautlose Einigkeit

Pferde sind leise Tiere. Ihre Stimme setzen sie nur in besonderen Situationen ein: Sie können aufgeregt wiehern, schrill quietschen und sogar drohend brüllen.

Am häufigsten ist noch das Wiehern zu hören – lautstark begrüßt ein Pferd, das sich alleingelassen fühlt, seinen Artgenossen, und nachdrücklich ruft eine Stute nach ihrem Fohlen. Aber die alltägliche Begrüßung der Pferde geht stumm vor sich.

Tipp

→ Versuche, die Stimmung eines Pferdes am Gesicht abzulesen!

Die wenigsten Pferde wiehern ihrem Pfleger oder Reiter zu (das passiert eher in Büchern). Stattdessen lassen sie ein leises Schnauben oder Brummeln hören. So reagieren sie oft auf das Nahen des Futterwagens... Schnauben und Prusten zeugen von der Zufriedenheit eines Pferdes.

Selbst Schmerzen ertragen Pferde lange Zeit lautlos und stumm, lassen schlimmstenfalls ein herzerweichendes Seufzen oder Stöhnen hören.

Auch untereinander können sich Pferde lautlos verständigen. Durch

- Gesichtsausdruck,
- Körperhaltung,
- Bewegung

machen sie sich gegenseitig klar, was sie wollen.

Sprechende Gesichter

→ Versuche selbst einmal, in Pferdegesichtern zu lesen. Deutlichstes Signal für die Stimmung sind die Ohren. Das lebhafte Ohrenspiel zeigt deutlich, wofür ein Pferd sich gerade interessiert und wie seine Stimmung ist. Spitzt das Pferd sie nach vorn, so ist es freundlich und aufmerksam. Legt es sie flach an, dann spricht es eine deutliche Drohung aus.

Auch die Augen können „sprechen", so wie du es auf den Zeichnungen rechts siehst.

Pferdekenner schwören darauf, am Auge des Pferdes auch seinen Charakter zu erkennen.

Körpersprache

Anspannung, Aufregung, Angst, Drohung oder Gelassenheit können Pferde auch mit ihrem ganzen **Körper** ausdrücken. Ein Hengst, der mit seinem **Imponiergehabe** eine Stute beeindrucken will, nimmt eine schöne **stolze Haltung** ein und bewegt sich wie ein Tänzer. Ganz anders versucht er vielleicht, einem starken Gegner zu imponieren. Wenn er mit **angelegten Ohren** und **gebleckten Zähnen** seitwärts auf ein anderes Pferd zurast,

sollte sich dieses schleunigst in Sicherheit bringen. Das **scharrende Pferd** auf dem Foto links bettelt nicht um Futter, sondern sagt ganz deutlich: „Futter her, oder..."

Die stolze Haltung, mit der Pferde ihre Artgenossen beeindrucken wollen, macht man sich auch für die **Ausbildung** der Pferde zunutze. Die **Lektionen** der **Hohen Schule** zum Beispiel sind vom natürlichen **Imponiergehabe** und **Kampfverhalten** der Pferde abgeleitet.

Ein interessiertes Pferd schaut dich mit großen Augen und gespitzten Ohren freundlich an.

Ein erregtes Pferd wölbt den Hals, bläht die Nüstern und reißt die Augen weit auf.

Ein ängstliches Pferd weicht zurück, hat ein furchtsames Auge und lauscht auf die Gefahr.

Ein drohendes Pferd legt die Ohren flach an und kneift Augen und Nüstern zusammen.

Pferdefreunde, Pferdefeinde
Nicht alle Pferde vertragen sich

Freunde fürs Leben

So viel Pferdefreunde auch beobachten und rätseln mögen, das Geheimnis der **Pferdefreundschaft** ist noch nicht entdeckt worden. Pferde zeigen spontan und oft ohne jeden offensichtlichen Grund **Zuneigung** oder **Abneigung** für ein anderes Pferd. Verstellung ist ihnen fremd – sie sind genauso treue Freunde wie hartnäckige Feinde.

Aller Erfahrung nach **passen** bestimmte Pferde in der Regel gut **zusammen**: **jüngere** Pferde schließen sich gern an **ältere** an; **Wallache** verteidigen „ihre" **Stuten**, **gleichaltrige Jungtiere** sind gute Spielgefährten.

Das misstrauische Pferd in der Ecke lässt den Fremdling nur bis auf Fluchtdistanz herankommen.

Tipp

→ Präge dir spezielle Freundschaften und Feindschaften der Pferde ein.

Aber auch das Gegenteil kann der Fall sein: gleichaltrige Pferde sind endlose **Rivalen**, Stuten wehren sich gegen unerwünschte Annäherungsversuche und mancher Youngster denkt gar nicht daran, die Überlegenheit eines älteren Pferdes kampflos anzuerkennen.

Es kommt also immer auf den Einzelfall an. **Gewöhnung** ist dabei ein wichtiger Faktor. Lässt man Pferde zum ersten Mal frei zusammen laufen, dann wird erst einmal die **Rangordnung** abgeklärt. Das geht manchmal nicht

Zu spät für eine Flucht – innerhalb der kritischen Distanz wird gekämpft.

ohne **Verletzungen** ab – gefährlich wird es dann, wenn die Pferde hinten **beschlagen** sind.

Nähe und Abstand

In ihrer unmittelbaren **Nähe** dulden Pferde nur ihre speziellen **Freunde**, Stuten ihren Hengst oder die eigenen Fohlen. Jedes Pferd ist von einer Art magischem Kreis umgeben – man nennt ihn die **kritische Distanz**.

Zwei gute Freunde bei ihrer Lieblingsbeschäftigung, dem Fellkraulen

Wenn das Pferd **nicht fliehen** kann, fängt es an zu **kämpfen**, sobald die kritische Distanz verletzt wird.

In der Regel versucht ein Pferd, gegenüber allem, was möglicherweise feindselig sein könnte, eine Art **Sicherheitsabstand** einzuhalten, damit es rechtzeitig fliehen kann. Diesen Abstand nennt man **Fluchtdistanz**.

Nase an Nase

Mit der Nase **begrüßen** sich fremde Pferde gegenseitig. Drohendes **Quietschen** dabei heißt soviel wie: „Bleib mir vom Leib, oder..." Ein besonderer **Freundschaftsbeweis** ist es daher, wenn Pferdefreunde **Nase an Nase** grasen.

Besonders nett anzusehen ist das gegenseitige **Fellkraulen**, wenn beide sich gegenseitig Mähne und Widerrist genüsslich beknabbern, als wollten sie sagen: „Kraul mich doch mal bitte hier!"

Im Hochsommer, wenn die Pferde von Insekten geplagt werden, stellen sich Pferdefreunde oft seitenverkehrt dicht nebeneinander auf – so kann einer mit dem Schweif die **Fliegen** aus dem Gesicht des anderen **vertreiben**.

Pferde sind nicht aggressiv – mit einer Ausnahme: wenn es um das Futter geht. Viele Pferde sind **futterneidisch** – eine natürliche Erbschaft aus einer Zeit, in der wild lebende Pferde sich mit ihren Konkurrenten regelmäßig um genügend **Nahrung** streiten mussten. Auch in Reitställen verwandeln sich manche friedliche Stallbewohner beim Anblick des Futtereimers regelmäßig in wilde Tiere.

Hörst du auf mich?
Mit Pferden umgehen

Pferdekenner

Wer mit Pferden richtig umgehen will, muss ein guter Pferdekenner werden. Um die Sprache der Pferde zu verstehen, musst du geduldig beobachten und lernbereit sein.

→ Nutze jede Möglichkeit, Pferde in natürlicher Umgebung zu beobachten.

Um das Verhalten der Pferde zu verstehen, musst du dir klarmachen, welche biologischen Voraussetzungen für alle Pferde gelten.
Denke immer daran, dass Pferde
■ Lauftiere
■ Herdentiere
■ Fluchttiere
sind. Von diesen Eigenschaften wird ihr Instinktverhalten geprägt. Auch ein noch so gut erzogenes, noch so erfahrenes und fachgerecht ausgebildetes Pferd kann jederzeit eine unvorhergesehene Instinktreaktion zeigen.

Tipp

→ **Wenn der Umgang mit einem Pferd nicht klappt: suche den Fehler zuerst bei dir.**

→ Sei im Umgang mit Pferden immer aufmerksam und stets auf unvorhergesehenes Verhalten gefasst.

Aufmerksamkeit und Mitdenken sind die besten Voraussetzungen für sicheren Umgang mit dem Pferd.

Bist du trotzdem einmal von einem Pferd unangenehm überrascht worden, dann lass dich nicht zu einer unüberlegten, jähzornigen Reaktion hinreißen.

Pferdefreund

Vielleicht wirst du dich ohne Zögern selbst als Pferdefreund bezeichnen. Aber bist du auch sicher, dass Pferde dich als ihren Freund bezeichnen würden?

Pferde mit ihren empfindlichen Sinnesorganen mögen in ihrer direkten Umgebung keine lauten Stimmen und heftigen Bewegungen.

Sprich mit Pferden leise und ruhig und bewege dich in ihrer Nähe kontrolliert. Vermeide es, zu rennen oder herumzufuchteln, schon gar nicht in der Nähe der Pferdeaugen.

Puste einem Pferd auch nicht in die Nüstern, wenn du nicht mit einer pferdetypischen Zurückweisung rechnen willst.

Lasse dennoch keinen Zweifel darüber aufkommen, dass du bestimmst, was gemacht wird. Sei dabei nicht zu nachgiebig! Für Pferde ist eine klare Rangordnung hilfreich – und du bist auf jeden Fall der Boss.

Probleme und ihre Ursachen

Wenn im Umgang mit dem Pferd ein Problem auftritt, dann versuche, die Ursache zu erkennen.
Typische Ursachen sind:

- instinktive Angst
- zu wenig Bewegung
- zu viel Kraftfutter
- schlechte Erfahrungen

Sei mit **ängstlichen Pferden** stets geduldig. Du kannst das **Vertrauen** eines Pferdes nur mit Verständnis gewinnen, nicht mit Zwang. Selbst wenn du dich einmal über die Reaktion eines Pferdes ärgerst – lass dich nicht zu einer **voreiligen Strafe** hinreißen. Angst wird durch Strafe nur noch schlimmer.

Streit mit Pferden

Gehe **Auseinandersetzungen** mit Pferden so weit wie möglich aus dem Weg. Versuche, durch **vorausschauende Planung** und **konsequentes Handeln** mögliche Probleme gar nicht erst aufkommen zu lassen.

Willst du dich einem Pferd gegenüber durchsetzen, dann frage dich kritisch, ob du selbst auch **keine Angst** hast. Jedes Pferd merkt dir sofort an, ob du dich sicher fühlst oder nicht.

Energisches **Auftreten**, eine laute Stimme, ein Klaps auf das Hinterteil, ein deutlicher Ruck am Führstrick – mit solchen deutlichen **Signalen** kannst du den **Gehorsam** eines Pferdes einfordern. Lass dich aber niemals auf einen **Kräftevergleich** ein. Beim Ziehkampf Mensch gegen Pferd gibt es nur einen Sieger, und der hat immer vier Beine…

➔ Schlage niemals ein Pferd, auch nicht im Zorn.

Freundschaftsdienste

Kümmere dich intensiv um das Pferd, mit dem du **Freundschaft** schließen möchtest. Lerne seine **Besonderheiten**, seine Vorlieben und Abneigungen kennen. Bei der täglichen ausgiebigen **Pferdepflege** besteht die beste Gelegenheit dazu.

Bedenke, dass **Leckerbissen** nicht das Einzige sind, was du für ein Pferd tun kannst. Beschäftige dich mit ihm. Nimm dir **Zeit** dafür, im Stall lebenden Pferden **genügend Bewegung** zu verschaffen. Und sei ein treuer Freund – Pferde sind es auch.

Ruhe, Geduld und fachgerechte Handgriffe sind für die Freundschaft mit Pferden entscheidend.

Die große Freiheit
Gruppen-Auslaufhaltung

Paradies für Pferde

Hast du schon einmal Pferde zusammen auf einer großen **Weide** beobachtet? Sie fühlen sich sichtbar wohl. Viel Platz zum **Laufen**, genügend Futter und Wasser, Bäume, die **Schatten** geben, ein Unterstand als **Schutz** vor Regen, Wind und praller Sonne, das alles in **Gesellschaft** von guten Freunden oder wenigstens Bekannten – so ungefähr sieht ein Paradies für Pferde aus.

> ## Tipp
> → Berücksichtige **Vor- und Nachteile, wenn du dich für eine Haltungsform entscheidest.**

Das Leben auf der Weide kommt der **natürlichen Lebensform** für Pferde am nächsten. Alle Pferde lassen sich schnell an ein Leben auf der Weide gewöhnen. Sie können sich dort gut von Strapazen und Stress erholen.

Draußen leben

Brauchen Pferde überhaupt einen **Stall**? – Diese Frage lässt sich nicht so einfach mit ja oder nein beantworten. Robustrassen wie Isländer, Shetlandponys oder Norweger sind von der Natur im Winter mit einem so **dicken Pelz** ausgestattet, dass sie es auch bei Minusgraden im Freien aushalten, ohne zu frieren. Aber auch unseren modernen Reitpferden wächst, je

kälter es für sie wird, ein immer dichteres und längeres natürliches Fell. Pferde können grundsätzlich **im Freien überwintern**. Allerdings brauchen sie einen **Schutz** vor Schnee, Regen und Wind und einen **trockenen Platz**, an dem sie sich hinlegen können.

Auf guten Weiden können sich Pferde vom Frühjahr bis zum Herbst nur vom **Gras** ernähren. Im Winter müssen Heu und Kraftfutter **zugefüttert** werden. **Leistungspferde** brauchen das ganze Jahr über **Kraftfutter**.

Im **Winter** ist es oft schwierig, den Pferden stets **frisches Wasser** anzubieten. Pumpen und Wassertröge **frieren** leicht **ein**.

Im Herbst verwandelt sich die schöne Sommerweide schnell in ein schlammiges **Sumpfgebiet**, wenn sie regelmäßig von Pferdehufen durchgepflügt wird. Ist die

Grasnarbe erst einmal zerstört, wächst im nächsten Jahr nicht mehr genügend Futter nach.

Gruppen-Auslaufhaltung

Wer dennoch seinem Pferd die Möglichkeit bieten möchte, im Freien zu leben, muss vorher verschiedene **Voraussetzungen** dafür schaffen:

- eine große, unterteilbare Weidefläche
- sichere Zäune
- ein fester Offenstall mit getrennten Futterplätzen
- ein von allen Seiten zugänglicher Futterplatz für Heu
- ein Auslauf mit befestigtem Boden
- eine frostsichere Tränke
- ausreichende Lagermöglichkeit für das Futter im Winter
- tägliche Kontrolle
- regelmäßiger Stalldienst.

Pferde in Auslaufhaltung können sich nach Lust und Laune bewegen.

→ Ein Pferd, das draußen lebt, musst du nicht jeden Tag reiten, und auch die tägliche Fellpflege erledigt es auf seine Weise.

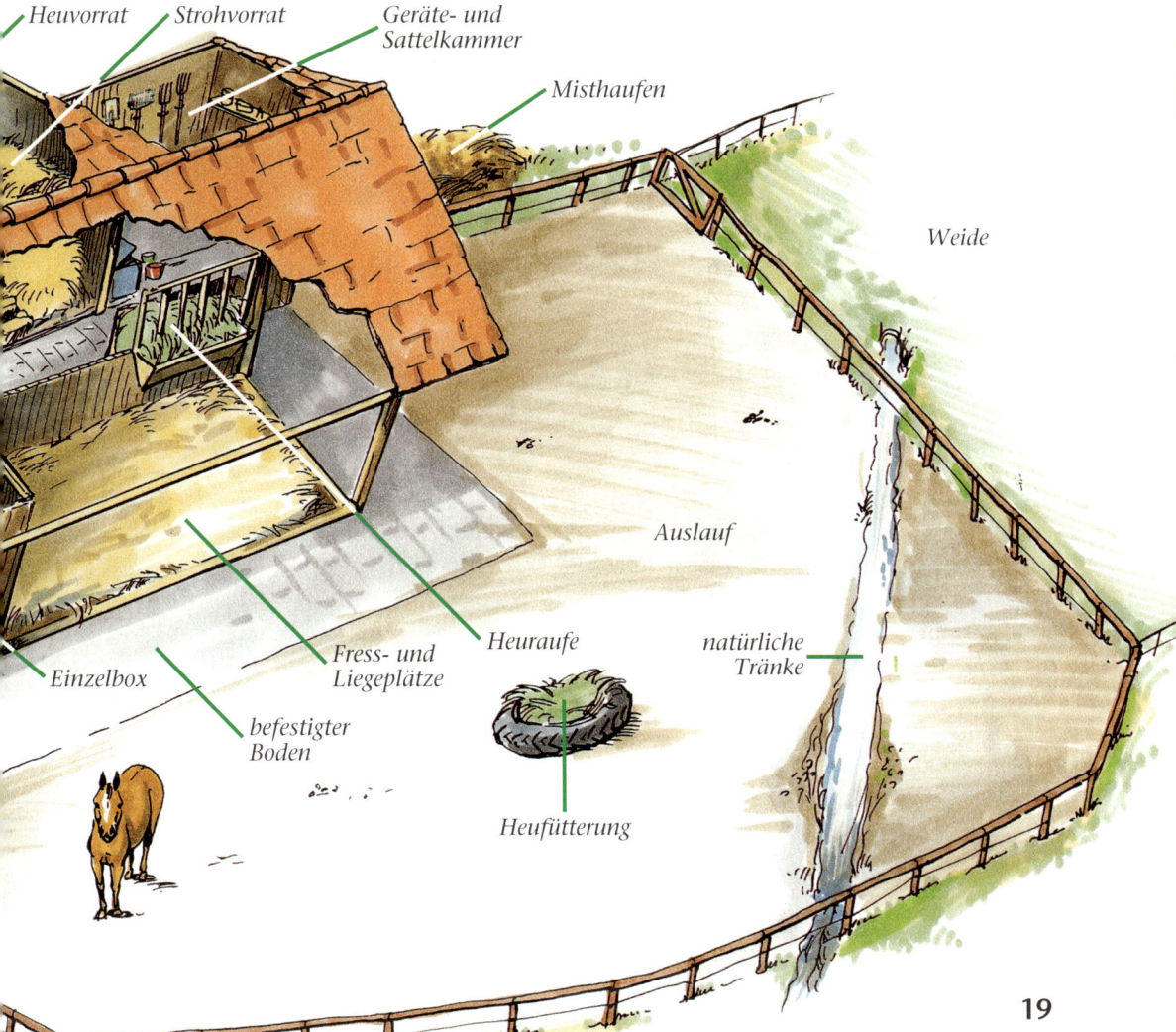

Heuvorrat Strohvorrat Geräte- und Sattelkammer

Misthaufen

Weide

Auslauf

Heuraufe natürliche Tränke

Einzelbox

Fress- und Liegeplätze

befestigter Boden

Heufütterung

Ohne Pflege geht nichts
Die Pflege von Auslauf und Weiden

„Stalldienst" auf der Weide

Auch wenn Pferde in einem offenen Stall gehalten werden, ist **Stalldienst** nötig. Genau wie in einem festen Stall besteht die wichtigste Arbeit darin, regelmäßig den **Mist**, also die Pferdeäpfel, **abzusammeln**. Das ist keine überflüssige Arbeit! Erstens leben **Würmer** und **Parasiten** bevorzugt im Pferdemist und verteilen sich auf diese Weise. Zweitens **verhindern** zu viele Pferdeäpfel auf einer Weide das Nachwachsen des Futters. Wo ein Äppelhaufen liegenbleibt, wachsen nur noch Pflanzen, die von Pferden verschmäht werden.

Tipp

Mache dir klar, dass Offenstallhaltung genauso viel Arbeit bedeutet wie Boxenhaltung.

Wasser satt

Täglich muss kontrolliert werden, ob das **Wasserangebot** in Ordnung ist und möglicherweise vorhandene **Tränken funktionieren**.

Bei Frost ist das oft gar nicht einfach!

Für jeden das richtige Futter

Im Winter muss regelmäßig **Heu** und **Kraftfutter** verteilt werden – mindestens einmal, besser zweimal am Tag.

Giftpflanzen

Eine Reihe von Pflanzen ist **hochgiftig** für Pferde: Adlerfarn und Seidelbast, Robinie und Eibe, Taxus und Tollkirsche und noch viele andere.

Achte auf alle Pflanzen rund um die Pferdeweide. Wenn du sie selbst nicht erkennen und bestimmen kannst, frage im Zweifelsfall einen Erwachsenen um Rat.

Sichere Zäune

Das Wichtigste an einer Weide ist der Zaun. Die beste und sicherste Lösung für die Einzäunung einer Pferdekoppel ist ein stabiler **Holzzaun** von 1,30 Meter Höhe, der zusätzlich noch mit einem vorgelagerten Elektroband gesichert ist. Aber dieser ideale Zaun ist teuer und arbeitsaufwendig.

Für einen Holzzaun braucht man immer ein paar **Ersatzstangen**!

Hinter Draht

Man kann Pferde auch in einem stabilen **Elektrozaun** mit mindestens zwei stromführenden Bändern einhüten. Aber es muss sichergestellt sein, dass beständig Strom fließt. Meistens geschieht dies durch ein **Weidezaungerät** mit Batterie.

Ein Elektrozaun muss regelmäßig **kontrolliert** werden. Schleift das Elektroband irgendwo am Boden oder wird es von langen Gräsern oder Ästen berührt, dann ist der **Stromfluss unterbrochen**.

Wer über eine einzige große **Weidefläche** verfügt, muss diese per Elektrozaun mehrfach **unterteilen**, damit die Pferde Stück für Stück richtig abfressen. Sonst zertreten sie Futter, das sie dann später verschmähen. Ist ein Teilstück abgeweidet, kann dort das Futter nachwachsen, während die Pferde das nächste abfressen.

Weidepflege

Auch eine Weide braucht regelmäßige Pflege. **Steine** und **Fremdkörper absammeln** kannst du selbst. Für andere Arbeiten muss ein **Fachmann** her:
- nachmähen
- abschleifen
- düngen
- nachsäen.

Ohne **Weidepflege** wächst von Jahr zu Jahr immer weniger Pferdefutter.

Boxen mit Komfort
Quartiere, wie Pferde sie mögen

Die Nachteile
der goldenen Freiheit

Wenn Pferde zu entscheiden hätten, würden sie sicher am liebsten in einer Gruppen-Auslaufhaltung leben. Trotzdem werden heutzutage die meisten Pferde nach wie vor in **Einzelboxen** gehalten.

Tipp

→ **Mit etwas Phantasie lässt sich beinahe jede Box pferdegerechter gestalten.**

Das hat seine Gründe. Die **Auslaufhaltung** bietet auch **Nachteile**. Erschwert, manchmal auch gar nicht möglich sind
- individuelle Kraftfuttergabe mehrmals am Tag
- wetterunabhängiges Reiten zu festgelegten Zeiten
- ausgiebiges Reiten auch in der kalten Jahreszeit
- Training für den Spitzensport.

Schließlich fordert die Gruppen-Auslaufhaltung auch viel Platz – gerade in Großstadtnähe ist es oft kaum möglich, genügend große Weideflächen zur Verfügung zu stellen.

Aber wer seinem Pferd nicht das freie Leben in einer Pferdegruppe gönnen kann, muss es trotzdem nicht beständig in eine enge Box einsperren. Es gibt auch **pferdefreundliche Pferdeställe**!

Zimmer mit Aussicht

Den Wunsch nach **Licht**, **Luft**, **Platz** und **Gesellschaft** teilen alle Pferde. Jede Stallhaltung muss versuchen, diesen **Bedürfnissen** entgegenzukommen.

Eine Pferdebox kann nie zu **groß**, höchstens zu klein sein. Meist ist sie quadratisch angelegt – eine Wand soll

mindestens doppelt so lang sein, wie das Pferd hoch ist. Allerdings ist dieses Maß nur als **unterste Grenze** anzusehen.

Schön sind Boxen, in denen sich das Pferd ein bisschen bewegen kann. Das gilt besonders für bewegungsfreudige Fohlen – sie sind am besten gemeinsam in einem großen **Laufstall** aufgehoben.

Helle Pferdeboxen sehen nicht nur schöner aus, sondern sind auch gesünder. Pferde brauchen für ihre **Gesundheit** tatsächlich viel Licht, auch im Winter.

Als ausdauernde Sportler brauchen Pferde besonders gute Atemluft. Miefige, gar nach Mist stinkende Stallluft ist für Pferde viel schlimmer als Kälte. Sie frieren selten – aber Erkrankungen der Atemwege sind häufig.

Schon beim Stallbau sollte an eine gute **Belüftung** gedacht werden. Aber auch in alten Ställen kann man oft etwas zur Verbesserung der Luft tun: In **Außenboxen** mit geteilten Türen können Pferde soviel Frischluft schnappen, wie sie möchten. Aber auch große **Fenster** sind hilfreich. Schließlich braucht man Pferde nicht unbedingt hinter starren Türen einzusperren – oft reicht – wie auf dem Foto oben – eine einzige **Stange** in der richtigen Höhe, um eine Box sicher zu verschließen.

Im Paddock

Auslauf- und Boxenhaltung lassen sich auch miteinander kombinieren. Wer sein Pferd in eine enge Box stellt,

muss ihm als **Ausgleich** genügend **Bewegungsmöglichkeiten** bieten. Eine Stunde reiten am Tag ist dafür nicht genug.

Als Ergänzung ist es sinnvoll, Pferde stundenweise auf eine Weide oder in einen **Auslauf**, auch **Paddock** genannt, zu lassen.

Besonders luxuriöse Pferdequartiere bieten jedem Tier einen **eigenen Paddock** an: so kann sich das Pferd ganz nach Lust und Laune an der frischen Luft bewegen oder die Box aufsuchen. Natürlich ist auch ein **gemeinschaftlicher Auslauf** für mehrere Pferde denkbar.

Ein Auslauf ist eine wichtige Ergänzung für die Jahreszeit, in der Pferde nicht auf die Weide können. Daher sollte der **Boden** auch längere Regenfälle und leichten Frost unbeschadet verkraften.

Übrigens muss auch ein Auslauf **sauber** gehalten, das heißt regelmäßig von Pferdeäppeln befreit werden.

23

Hell, groß, luftig, sauber, sicher
Eine Box von innen

Groß genug

Eine Pferdebox kann nicht **groß** genug sein. Alle **Größenangaben**

- für ein Großpferd mindestens zwölf Quadratmeter
- für ein Pony mindestens neun Quadratmeter

sind nur ungefähre Maße und orientieren sich an der **unteren Grenze**.

Pferde wollen sich in ihrer Box ungehindert **umdrehen** können, der Länge nach ausgestreckt **hinlegen** und sich ausgiebig **wälzen** können.

Pferde, die sich zu eng **eingesperrt** fühlen, reagieren mit Verspannungen, Stallmut, agressivem Verhalten oder Unarten.

Hell genug

Die Wissenschaft hat herausgefunden, dass Pferde mit ihrer Gesundheit von genügend **Licht** abhängig sind. Ein zu dunkler Pferdestall ist Gift für sie! Ideal sind große **Fenster** und **Außenboxen**

Tipp

➜ Suche jede fremde Box, in die du dein Pferd stellst, nach Verletzungsmöglichkeiten ab.

mit geteilten Türen, deren obere Hälfte offen bleiben kann.

➜ Nutze jede Gelegenheit, deinem Pferd auch in der kalten und dunklen Jahreszeit genügend Licht zu bieten.

Gewöhne dir an, dein Pferd so oft wie möglich

- im Freien zu putzen
- an der frischen Luft zu führen
- auszureiten.

Luftig genug

Pferde haben viel leistungsfähigere Lungen als wir Menschen. Sie brauchen viel und gute **Atemluft**!

Schlechte, mit Schadstoffen belastete Luft macht Pferde krank.

Schon beim Stallbau muss darauf geachtet werden, dass eine Box **hoch** genug ist und genügend **Belüftungsmöglichkeiten** bietet.

Eines vertragen Pferde allerdings schlecht: Zugluft.

➜ Ein verschwitztes Pferd darfst du nie in einen zugigen Stall stellen.

Öffne im Sommer **Türen** und **Fenster** im Stall. Eventuell kannst du ein Fenster ganz abhängen.

Sicher genug

Auch in der Box lauern **Verletzungsgefahren** für Pferde. Die bekanntesten sind:

- herausstehende Nägel und Schrauben
- gesplitterte Futterkrippen
- Gitterstäbe mit so weitem Abstand, dass ein Pferdehuf darin hängenbleiben kann

- für Pferde erreichbare Fensterscheiben
- kaputte Bretter und Bohlen in den Trennwänden zur Nachbarbox.

Gesellschaft genug

Pferde brauchen **Gesellschaft**. Die Boxenwände müssen den **Kontakt** zu den **Nachbarpferden** erlauben.

Hochgemauerte Wände sind nicht pferdegerecht.

Bei **futterneidischen** Pferden reicht eine **Sichtabgrenzung** direkt vor der Krippe.

In der Box

Die **Futterkrippe** sollte fest in der Box angebracht sein. Ist keine fest eingemauerte Krippe vorhanden, dann

empfiehlt sich eine Krippe mit abgerundeten Ecken und Kanten.

Heu kann bedenkenlos vom **Boden** aus gefüttert werden – das ist für Pferde die natürlichste Art der Nahrungsaufnahme.

Wo **Heunetze** verwendet werden, musst du darauf achten, dass sie mit einem sicheren Knoten **hoch** genug befestigt werden. Ein Pferd darf sich auch beim Wälzen nicht mit den Hufen im Netz verfangen können.

Der Futterplatz für das Heu und die **Tränke** sollten in entgegengesetzten Ecken der Box liegen. Wo keine **Selbsttränke** installiert ist, kann man einen **Tränkeimer** in der Box befestigen. Das Pferd soll nicht damit herumspielen können.

Mistgabel

Schaufel

Besen

Schubkarren

Mistsammler

Heunetz

Futterkrippe

Heurippe

Selbsttränke

Tränkeimer

Einstreu

Ein Bett aus Stroh oder Spänen
Die tägliche Pflege der Streu

Tipp

→ **Kannst du von rechts nach links und von links nach rechts kehren? Könner arbeiten stets mit beiden Händen.**

Weich, warm und saugfähig

Es gibt verschiedene Arten von **Einstreu** für Pferde. Die Unterschiede bestehen im **Material** und in der Art, wie gemistet wird.

■ Bei der **Wechselstreu** wird, wie der Name sagt, alle verschmutzte Einstreu entfernt.

■ Bei der **Matratzenstreu** wird eine feste, saugfähige Unterlage, die sogenannte Matratze, aufgebaut.

Stroh oder Späne?

Für die Einstreu werden meist **Stroh** oder **Späne** verwendet, manchmal auch Torf und andere saugfähige Materialien. Sägespäne gibt es in Säge-

werken; besser verträglich sind für Pferde spezielle gereinigte und entstaubte Späne, die hochdruckgepresst in großen Ballen verkauft werden.

Wenn Pferde zu entscheiden hätten, würden sie sich für Stroh entscheiden. Ein Bett, an dem man genüsslich herumknabbern kann, ist schließich etwas ganz Besonderes!

Manche Pferde vertragen aber die **Belastung** der Atemluft durch **Staub** und **Schimmelpilze** im Stroh nicht.

Pferde mit Atemwegserkrankungen müssen daher oft auf Spänen stehen. Auch für die Hufe sind Späne oft besser.

Sauber geht vor

Ganz egal, welche Art der Einstreu du in einem Stall vorfindest – sie muss auf jeden Fall **sauber** gehalten werden. Mindestens einmal am Tag sollte in Reitställen **gemistet** werden. Werden zusätzlich noch regelmäßig Pferdeäpfel aufgesammelt, dann hat dein Pferd ein gut gepflegtes Quartier.

Denn Pferde sind **saubere Tiere** – freiwillig legen sie sich nicht in den eigenen Mist!

Ausmisten ist **harte Arbeit**. Aber trotzdem sollte kein Pferdebesitzer sie scheuen.

In vielen Reitställen wird die Arbeit des Ausmistens vom Personal über-

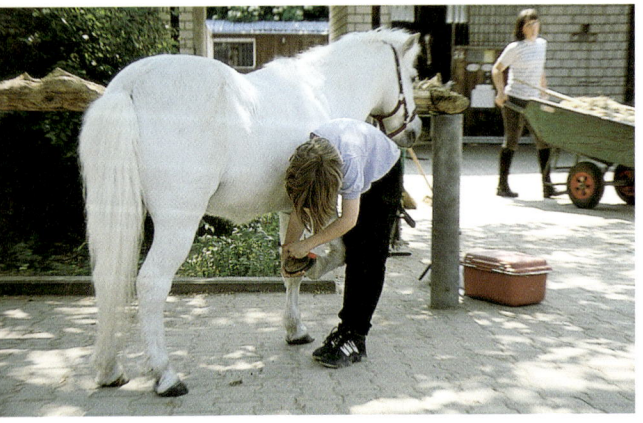

nommen. Aber jeder Reiter sollte zumindest die wichtigsten **Handgriffe** zur **Versorgung** eines **Pferdes** beherrschen.

Mit Gabel, Schaufel und Schubkarren

Zum Ausmisten brauchst du das passende **Werkzeug**. Am wichtigsten ist eine vierzinkige **Mistgabel**; für das Aufsammeln von Pferdeäppeln aus Spänen gibt es spezielle **vielzinkige Gabeln**. Nützlich ist zusätzlich eine Schaufel mit gerader Kante.

Um den Mist wegzutransportieren, dient am besten eine **Schubkarre**.

Am sichersten lässt sich eine Box ausmisten, wenn kein Pferd darin steht. Binde bei deinen allerersten Versuchen mit der Mistgabel das Pferd lieber draußen an!

Viele Pferde sind das Ausmisten aber auch gewohnt. Am einfachsten ist es, wenn sie dabei Heu zu fressen haben.

Stelle den **Schubkarren** so vor die offene **Boxentür**, dass kein Spalt frei

bleibt, durch den sich das Pferd vielleicht hindurchzwängen möchte.

Stich mit der Gabel unter die **Äppelhaufen**, hebe den ganzen Batzen hoch und schüttele die Äppel in den Mistkarren.

Anschließend entfernst du mit der Gabel (bei Spänen: mit der Schaufel) alle dunkel **verfärbte** und **nasse Einstreu** aus der Box.

Leicht verschmutzte Streu verteilst du zum **Trocknen** an den Rändern der Box. Wenn der Schubkarren voll ist, kannst du ihn auf dem **Misthaufen** ausleeren.

Ganz zum Schluss wird die **frische Einstreu** in der Box aufgeschüttelt und gleichmäßig verteilt. Dabei wirbelt **viel Staub** in der Luft herum.

Gönne deinem Pferd unterdessen frische Luft – ungefähr eine Dreiviertelstunde lang. Dann ist die Luft im Stall wieder rein...

Ganz zum Schluss wird **gekehrt** – eine der **häufigsten Beschäftigungen** im Stall.

Eine vielzinkige Mistgabel.

Dauerkampf gegen Spinnweben
Im Stall sind Putzteufel gefragt

Großputz muss sein

In jedem Pferdestall fällt täglich eine Menge **Staub** und **Dreck** an: beim Ausmisten, beim Verteilen von Heu und Stroh, beim Öffnen von Futtersäcken. Wenn du dir eine Pferdebox einmal von nahem anschaust, wirst du neben dem Staub eingetrockneten **Mist**, haufenweise **Spinnweben** und verklebten Dreck aller Art finden.

Das lässt sich nicht vermeiden – aber mindestens einmal im Jahr ist **Großputz** im Stall angesagt.

➔ Das Reinigen von Krippe und Selbsttränke sowie das Abfegen der Spinnweben solltest du dir öfters vornehmen!

Tipp

➔ **Verabrede dich mit Freunden für den Großputz im Stall. Gemeinsam macht es mehr Spaß.**

Die Futterkrippe

Du brauchst **Wassereimer**, **Schwamm** und **Scheuerbürste**. Damit rückst du zunächst einmal der **Futterkrippe** zu Leibe.

Entferne alle eingetrockneten, verklebten Reste der Pferdemahlzeiten, bis die Krippe glänzt und blitz

Selbsttränken

Wenn du gerade mit Wasser zu Gange bist: wische auch die **Selbsttränken** gründlich sauber.

Lasse ein paarmal Wasser nachlaufen und entferne alle Reste von Schmutzwasser aus der Tränke.

Hat die Box ein **Fenster** nach draußen, dann wasche es ebenfalls ab – samt Rahmen, Fensterbrett und dem eventuell vorhandenen Gitter.

Spinnweben

Wo Pferde leben, gibt es viele Insekten. Und wo viele Insekten leben, gibt es viele Spinnen. Jeder Pferdestall ist voller **Spinnweben**, in denen sich wiederum Staub, Heureste und kleine Teilchen aus der Einstreu verfangen.

Den grauen Schleier in allen Ecken, an den Wänden und an der Decke entfernst du am besten mit einem **weichen Besen**.

➔ Bastele dir einen speziellen Spinnweben-Besen mit einem besonders langen Stiel. So erreichst du auch die hinterste Ecke!

Für das Abbürsten der **Boxengitter** genügt ein einfacher **Handfeger**.

Danach kannst du mit Wasser und einer Bürste schrubben!

Bis auf den blanken Boden

Sind Decke und Wände sauber, kann der **Boden** gründlich gereinigt werden. Das heißt, die Box wird bis auf den letzten Halm **ausgemistet**.

Wenn einer mistet und zwei abwechselnd die vollen Schubkarren auf den Misthaufen fahren, geht es am schnellsten.

Desinfizieren

Fege den Boden in der leeren Box gründlich aus. Wenn ein Wasseranschluss zur Verfügung steht, kannst du auch mit möglichst hohem Wasserdruck Boden und Wände **abspritzen**.

Sonst heißt es wieder schrubben: entferne mit einer Wurzelbürste die verklebten Mistreste an den **Boxenwänden**.

Ganz zum Schluss kannst du die Boxenwände und den Boden **desinfizieren**. Es gibt dafür spezielle Mittel, die einfach aufgesprüht werden.

Zum Schluss kommt wieder frische Einstreu in die Box – und dein Pferd hat nun ein erstklassiges Quartier.

Boxengitter

Arbeite am besten in der Box von oben nach unten – also von der **Decke** in Richtung **Boden**. Dann fällt der Staub, den du gerade entfernst, nicht auf eine Stelle, die du bereits sauber gemacht hast.

Futter rein, Mist raus
Was zu einem Reitstall gehört

Viel Platz und kurze Wege

Natürlich sieht jeder **Reitstall** anders aus. Und doch – wo Pferde leben sollen, müssen immer die gleichen **Probleme gelöst** werden:

- Woher kommt das Futter?
- Wohin mit dem Mist?
- Wo ist Platz zum Anbinden und Putzen?
- Wie wird das Sattelzeug untergebracht?
- Auf welche Weise schafft man viel Platz für Pferde und kurze Wege für Menschen?

In der Stallgasse

Besteht der Stall aus mehr als nur einer Reihe nebeneinanderliegender Boxen, dann betrittst du ihn durch eine **Stallgasse**. Sie ist das Herzstück des Stalls. Hier kommen alle **Pferde** und **Reiter** vorbei, hier wird **Futter** transportiert, hier fahren die **Schubkarren** durch, hier wird bei schlechtem Wetter **geputzt**, hier wird **Sattelzeug** geschleppt und **Zubehör** gelagert.

Vielleicht sind sogar der **Schmied** oder der Tierarzt am Werk. Kein Wunder, dass in der Stallgasse meist auch die wichtigsten Gespräche im Stall stattfinden...

Unter einem Dach

In der Zeichnung des Pferdestalls findest du alle wichtigen **Einrichtungen**

Tipp

→ **Wie funktioniert der Stall, in dem du reitest?** Versuche einmal, die wesentlichen Einrichtungen aufzuzeichnen.

Futtersilo   Heuvorrat

Futterwagen   Stallgasse

unter einem Dach: unten die **Boxen**, die **Futterkammer** und die **Sattelkammer**. Auf dem **Heuboden** können die Heu- und Strohvorräte für den ganzen Winter gelagert werden. Vom **Hafersilo** ganz links im Bild kann das Futter direkt durch eine **Haferquetsche** in den **Futterwagen** gefüllt werden.

Der Weg zum **Misthaufen** direkt hinter dem Stall ist so kurz wie möglich.

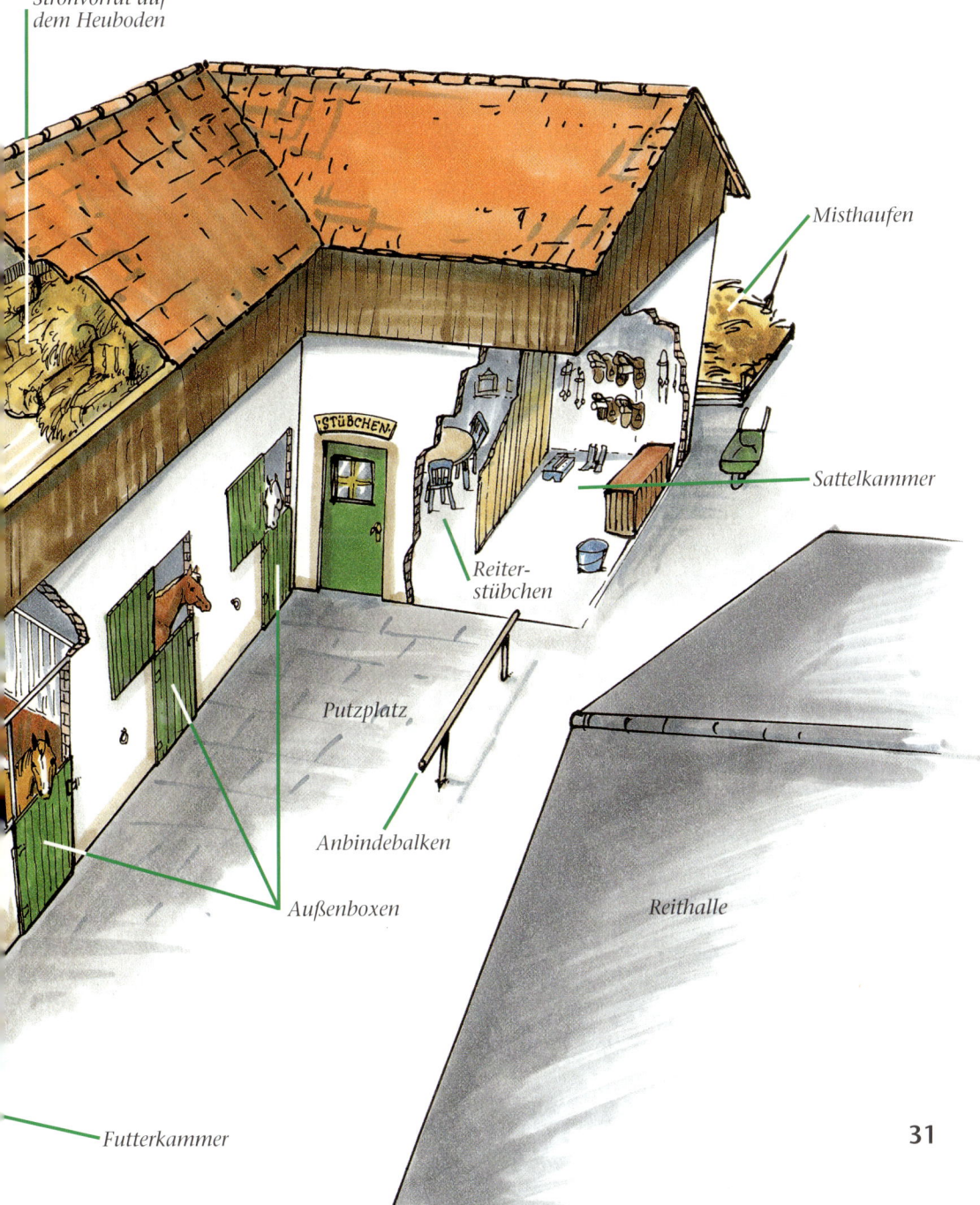

Strohvorrat auf dem Heuboden

Misthaufen

Sattelkammer

Reiterstübchen

Putzplatz

Anbindebalken

Außenboxen

Reithalle

Futterkammer

Was Pferde fressen
Jeden Tag die gleiche Speisekarte

Lieblingsspeise Gras

Pferde sind keine verwöhnten Fein-
schmecker. Sie geben sich, wenn es
sein muss, mit einer recht kleinen
Speisekarte zufrieden.

Trotzdem sind sie sehr wählerisch,
wenn es ums Futter geht. Das hat gute
Gründe. Ihnen bekommt nämlich nur
ein ganz **spezi-
elles Futteran-
gebot**. Pferde
haben einen
sehr **kleinen
Magen** und
einen **riesen-
langen Darm**. Sie können nichts
wieder ausspucken: Was einmal
heruntergeschluckt ist, muss den
Weg durch Magen und Darm antreten.

Damit der Darm arbeiten kann,
muss er immer

Tipp

→ **Füttere fremde
Pferde nur mit
Einverständnis
des Eigentümers.**

genügend **Ballaststoffe** transportieren.
Probleme bei der Darmtätigkeit können für Pferde sehr verhängnisvoll
sein.

Daher prüft der Tierarzt bei einer
Kolik – das ist der Sammelname
für Erkrankungen von Magen und
Darm –, als erstes die **Darmgeräusche**.

Mit dem Ohr am Pferdebauch
lauscht er, ob die Darmtätigkeit
krampfhaft verstärkt oder gar zum
Stillstand gekommen ist. Bei Verdacht
auf **Darmverschlingung** oder Darm-
verschluss muss das Pferd operiert werden. Koliken sind lebensbedrohlich!

Das **natürlichste Futter** für Pferde
ist **Gras**. Jedes zusätzliche Futter muss
ihrem empfindlichen **Verdauungs-
system** angepasst sein.

Hafer, Heu und Stroh

Richtige Fütterung – die **Auswahl**,
Menge und **Zusammenstellung**
der Futtermittel – ist eine
Kunst. Die alte Faustregel
zur täglichen Fütterung
– zehn Pfund Hafer,
zehn Pfund
Heu,

Auch das will gelernt sein: So viel Futter braucht ein Pferd jeden Tag.

zehn Pfund Stroh – gilt nur für ein ausgewachsenes, schwer arbeitendes Großpferd. **Pferdefutter** lässt sich unterscheiden in:

- **Kraftfutter** (Hafer, Gerste, Mais, fertige Kraftfuttermischungen)
- **Saftfutter** (Gras, Mohrrüben, Zuckerrüben, Futterrüben)
- **Rauhfutter** (Heu, Stroh)
- **Mineralfutter** (Vitamin- und Mineralstoffmischungen, Mineral- und Salzlecksteine)
- **Belohnungsfutter** (kleingeschnittene Äpfel und Möhren, trockenes Brot, Leckerlis, Würfelzucker)

Was sonst noch auf der **Speisekarte** für Pferde stehen kann: Weizenkleie, Leinsamen, saubere Kartoffeln, Fallobst, Rübenschnitzel – das alles aber nur in begrenzten Mengen. Die **Futtermenge** richtet sich nach

- der Rasse,
- der Größe,
- dem Alter,
- dem Futterzustand und
- der Leistung, die ein Pferd erbringen soll.

Wasser satt

Noch wichtiger als das Futter ist das Wasser. Pferde müssen saufen dürfen, soviel sie wollen – das können an heißen Tagen bis zu fünfzig Liter am Tag sein.

33

Die täglichen Rationen
Mit Futtereimer und Heurippe

Drei Mahlzeiten

Wildlebende Pferde beschäftigen sich den größten Teil ihrer Zeit mit der Nahrungsaufnahme – bis zu zwanzig Stunden am Tag!

Dem empfindlichen Pferdemagen bekommt es nicht, wenn ein Pferd zu viel Futter auf einmal in sich hineinschlingt. Je besser die Futterportionen auf den ganzen Tag verteilt sind, desto bekömmlicher sind sie für Pferde. Im Stall gehaltene Pferde sollten mindestens dreimal am Tag ihr Futter bekommen, und zwar jeden Tag zur gleichen Zeit. Selbst wenn es Freude macht, das eigene Pferd selbst zu füttern – alle Pferde in einem Stall sollten gemeinsam ihr Futter bekommen.

Futterzeit – im Stall wird es unruhig

Tipp

→ Schwierigkeiten beim Umgang mit dem Pferd oder beim Reiten können mit falscher Fütterung zusammenhängen.

Pferde können zwar keine Uhren lesen, aber sie haben eine genau funktionierende innere Uhr. Wann Futterzeit ist, wissen sie ganz genau!

→ Pferde mögen einen regelmäßigen Tagesablauf. Versuche auch du, möglichst pünktlich zu sein!

Futterneid

Wenn sie das Geräusch des Futterwagens oder das Klappern eines Futtereimers hören, verwandeln sich manche sonst friedliche Pferde plötzlich in wilde Tiere. Sie legen die Ohren an, beißen in die Gitterstäbe, scharren, klopfen gegen die Türen und bedrohen die Nachbarpferde.

Diesen Futterneid kann man Pferden nicht abgewöhnen. Der Instinkt, um das Futter zu kämpfen, ist noch ein Erbteil von den Wildpferden.

Ein futterneidisches Pferd anzuschreien oder zu strafen, hat keinen Zweck. Es hilft nur, die größten Krachmacher im Stall beim Füttern als erstes zufriedenzustellen.

→ Halte beim Pferdefüttern eine feste Reihenfolge ein!

Hafer und Heu

Besonders ungeduldig erwarten Pferde ihre täglichen Kraftfutterrationen. Die

Futtermenge für jedes Pferd wird mit einem **Futtermaß** in einen Futtereimer gefüllt.

Unter das **Kraftfutter** lassen sich zusätzliche Mineralstoffe, bei Bedarf auch Medikamente **mischen**.

Wenn du mit einem Futtereimer in der Hand eine Pferdebox betrittst, dann lass dir nicht den Eimer aus der Hand reißen.

Schiebe das Pferde energisch beiseite und prüfe als erstes, ob die **Krippe** trocken und **sauber** ist. **Futterreste** in der Krippe sind immer ein Alarmsignal! Räume auf jeden Fall die Krippe leer, bevor du neues Futter hineinschüttest.

Lasse beim Herausgehen aus der Box die **Hand** auf der **Kruppe** des Pferdes liegen, damit es nicht vor lauter Fressgier deine Anwesenheit vergisst.

Rauhfutter – Heu und Stroh – werden heute in gepresster Form verarbeitet. Mit der Zeit bekommst du einen Blilck für die richtige **Futtermenge**. Ein Heuballen zerfällt nach dem Öffnen ganz von selbst in einzelne **Rippen**. Ein Ballen Heu bietet eine Mahlzeit für drei bis vier Pferde.

Viele Pferde sind **staubempfindlich**. Schüttele Heu und Stroh nicht direkt vor den empfindlichen Pferdenasen auf!

Um Heu und Graspollen aus dem **Heu** zu filtern, wird es vielfach vor dem Füttern **eingeweicht**.

Rauhfutter macht **Durst**. Wenn sie ihre Heu- und Strohportion gefressen haben, brauchen Pferde Wasser.

➡ Gewöhne dir an, beim Heufüttern die Selbsttränke zu kontrollieren!

Lasse beim Herausgehen aus der Pferdebox die Hand auf der Kruppe liegen.

Mit dem Pferd an der Hand
Mit Halfter und Führstrick

Zwei Füße neben vier Hufen

Pferde werden jeden Tag mit großer Selbstverständlichkeit **geführt**: aus der Box zum Putzplatz, von dort in die Halle, zum Hufe abspritzen, auf die Weide, in den Hänger, zum Schmied… Weil das Führen eines Pferdes eine so alltägliche Angelegenheit ist, vergisst man leicht, dass es dabei auch **Probleme** geben kann. Pferde – selbst die allerkleinsten Ponys – sind vielfach stärker als ein Mensch. Auch ein Erwachsener kann im **Ziehkampf** Mensch gegen Pferd nichts ausrichten!

Pferde lassen sich nur dann von Menschen **gehorsam** führen, wenn sie von klein auf daran **gewöhnt** sind. Eine gute **Fohlenerziehung** ist durch nichts zu ersetzen. Hat ein Pferd nämlich erst einmal begriffen, dass es sich im Zweifelsfall losreißen kann, um zum Beispiel schneller auf die verlockende Weide zu kommen, dann wirst du ihm diesen Eigensinn nur sehr **schwer** wieder **abgewöhnen** können.

Aber auch ein gut erzogenes Pferd kann dir Schwierigkeiten beim Führen machen. Das größte Problem ist das natürliche **Fluchtverhalten** des Pfer-

des, das **Scheuen**. Vor Schreckreaktionen kannst du nie sicher sein!

Vorsichtsmaßnahmen

Gewöhne dir beim Führen einige **Vorsichtsmaßnahmen** an:

- Gehe immer links neben der **Pferdeschulter**
- Behalte das Pferd im Auge und ziehe es nicht hinter dir her
- **Wickele** dir nie den **Führstrick** (auch nicht Zügel oder Longe) um die Finger!
- **Bremse** das Pferd nicht durch dauernden Zug, sondern durch einen energischen **Ruck**.
- Halte als **Notbremse** deine linke **Hand** vor das linke **Pferdeauge**.
- Sei stets **aufmerksam** und auf eine mögliche **Schreckreaktion** gefasst!

> ## Tipp
> **Führe in flottem Tempo! Pferde machen von Natur aus größere Schritte als Menschen.**

Wenn du den Strick beim Führen so anfasst, hast du mehr Kontrolle über das Pferd.

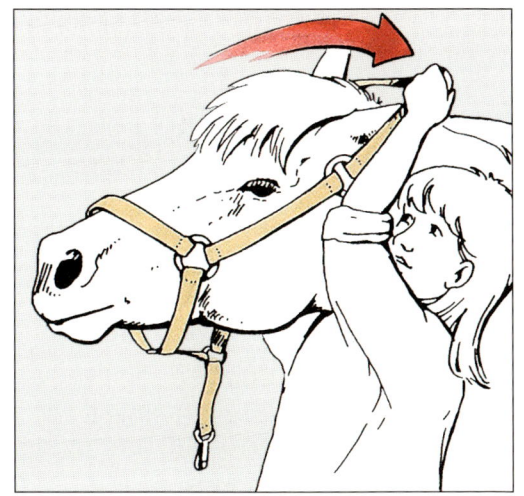

Wenn ein Halfter sich am Kehlriemen öffnen lässt, wird es einfach über die Ohren gestreift.

Wenn ein Halfter sich seitlich öffnen lässt, wird zuerst das Genickstück hinter die Ohren gelegt.

Halfter und Strick

In der Regel werden Pferde mit **Strick** und **Halfter** geführt. Halfter können sehr verschieden aussehen und aus unterschiedlichem Material sein.

Vergewissere dich zunächst, wie das Halfter **geöffnet** und **geschlossen** wird. Auf den Bildern oben siehst du die beiden häufigsten Halftertypen.

Stell dich zum **Aufhalftern** links neben die Pferdeschulter und fasse mit der **rechten Hand** unter dem Pferdehals durch von außen auf die Nase.

Diesen Griff sind die meisten Pferde gewöhnt. Du verhinderst so lästiges Kopfhochstrecken.

Bevor du das Halfter schließt, vergewissere dich, dass die **Größe** für das Pferd richtig eingestellt ist. Es darf weder drücken oder klemmen noch bis zu Maulwinkeln und Nüstern herunterhängen.

In den untersten **Ring** hinten am Halfter wird der **Führstrick eingehakt**.

Meist werden Stricke mit **Panikhaken** verwendet.

Probiere das Öffnen und Schließen des Panikhakens aus: Das breite Metallstück unten am Haken lässt sich leicht **zurückschieben**.

➔ Pass auf, dass du beim Führen nicht aus Versehen an den Panikhaken fasst. Sonst ist dein Pferd schneller frei, als dir lieb ist!

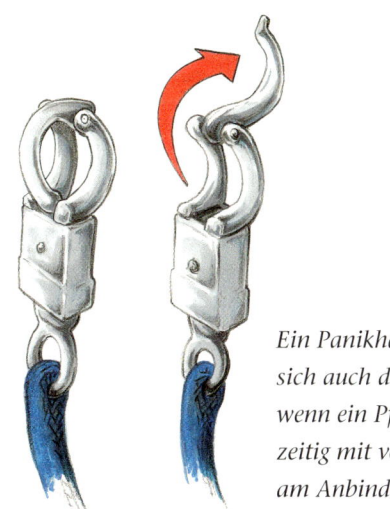

Ein Panikhaken lässt sich auch dann öffnen, wenn ein Pferd gleichzeitig mit voller Kraft am Anbindestrick zieht.

Auf die Weide bringen
Auf der Weide einfangen

Eile mit Weile

Die meisten Pferde gehen gern auf die **Weide**. Hier fühlen sie sich eher zu Hause als in einem engen Stall. Es kann passieren, dass die **Vorfreude** auf die goldene Freiheit sie ihre gute Erziehung vergessen lässt.

→ Wenn du ein Pferd auf die Weide führst, dann achte darauf, dass es nicht schneller läuft, als du es willst!

Ein **flottes Grundtempo** ist in Ordnung. Aber lasse das Pferd auf keinen Fall antraben! Du verlierst sonst zu leicht die **Kontrolle**. Werden **mehrere Pferde** zusammen auf eine Koppel gebracht, dann ist die **Reihenfolge** wichtig. Pferde gehen von Natur aus in Rangordnung

Tipp

→ Der erste Weidegang im Frühjahr ist für Pferde aufregend. Hol dir jemand zu Hilfe!

– das heißt, der Stärkere geht voran. Wenn du diese **natürliche Ordnung** störst, kann es zu Schwierigkeiten kommen.

Erkundige dich im Zweifelsfall, wie die Pferde es **gewöhnt** sind, und richte dich danach.

Einmal umdrehen, bitte!

Wenn das Pferd endlich auf der Weide ist, dann lass es auf gar keinen Fall sofort los. **Drehe** das Pferd unbedingt erst wieder zum Weidetor um und schließe es.

Wenn du diese **Vorsichtsmaßnahme** nicht beherzigst, läufst du Gefahr, von den Hufen des Pferdes getroffen zu werden, wenn es voller Freude lostobt. Außerdem bietet das **offene Tor** eine weitere **Gefahrenquelle**.

Das **Umdrehen Richtung Ausgang**, bevor du ein Pferd freilässt, gilt
- in Koppel und Paddock
- beim Abhalftern in der Box
- beim Laufenlassen in der Halle.

Oft werden **mehrere Pferde** zusammen auf eine oder mehrere nebeneinanderliegende Koppeln gebracht. Dann müssen sich die Pferdeführer verabreden, die Pferde **gleichzeitig freizulassen**.

Wenn ein Pferd schon lostobt, während das andere noch festgehalten wird, droht **Unfallgefahr**.

Komm her, oder...

Viel schwieriger, als ein Pferd auf die Weide zu bringen, kann es sein, ein Pferd auf der Weide wieder **einzufangen**.

Wenn ein Pferd sich nicht aufhalftern lassen will, dann hast du schlechte Karten. Manche Pferde sind geradezu Meister darin, mit dir Fangen zu spielen.

Sie lassen dich herankommen, bis du sie beinahe anfassen kannst, und kurz vorher galoppieren sie ein kleines Stück weg. Oder sie liefern sich ein regelrechtes Schrittrennen mit dir.

Lass dich **nicht** dazu **verleiten**, hinter einem unwilligen Pferd **herzurennen**. Es ist auf jeden Fall schneller als du und kann dieses Spiel stundenlang durchhalten! Auch eine **Pferdejagd** zu mehreren ist **nutzlos**.

Gehe immer nur ruhig **von vorn** oder **schräg seitlich** auf ein Pferd zu, nie von hinten. Willst du einem Pferd den **Weg abschneiden**, dann stell dich ruhig hin und breite deine Arme aus.

Nur wenn du befürchten musst, dass es dich umrennen will, strecke ihm beide **erhobenen Handflächen** entgegen. Versuche das Einfangen mit **List**:

- Halte **Halfter und Strick** hinter dem Rücken **versteckt**.
- Lege statt des Halfters nur einen **Strick hinter die Ohren** – das geht schneller, und das Pferd fühlt sich gepackt.
- Mache dir den **Herdentrieb** zunutze: Wenn du das Nachbarpferd wegführst, wird das unwillige Pferd nachkommen.

Der Trick mit dem Strick

- Versuche es mit **Belohnungsfutter** aus der Hand oder einem **Hafereimer**.

Gute Gründe

Die wenigsten Pferde laufen grundlos davon, wenn sie eingefangen werden sollen. Um dir endlose Spaziergänge über die Weide zu ersparen, forsche nach der **Ursache** für den Unwillen des Pferdes!

- Vielleicht hat es schlechte Erfahrungen mit dem Einfangen gemacht und ist **kopfscheu** geworden?
- Vielleicht war es erst ganz **kurze Zeit** draußen. Eine halbe Stunde Weide ist aus Pferdesicht nicht genug.
- Vielleicht droht jedes Mal nach dem Weidegang **harte Arbeit**, zu der das Pferd keine Lust hat?
- Vielleicht ist das Pferd zu lange sich selbst überlassen worden und ist ohne Kontakt zum Menschen ein wenig **verwildert**?

Der Weidegang muss zur **inneren Uhr** eines Pferdes, zu seinem **Tagesrhythmus** passen. Dann erledigen sich die Probleme mit dem Einfangen meist von selbst.

Fertig zur Pflege
Wo und wie ein Pferd angebunden wird

Der Putzplatz

Pferde sind Frischluftfanatiker. Gönne deinem Pferd so viel Zeit **im Freien** wie möglich, zum Beispiel beim Putzen.

Ein geeigneter **Putzplatz** muss folgende **Voraussetzungen** erfüllen:

- ein ebener, griffiger **Untergrund**
- eine **Anbindemöglichkeit** in korrekter Höhe
- **keine Verletzungsgefahr** durch herausstehende Nägel, Haken, scharfe Ecken oder Kanten
- **keine beweglichen Teile** (Fenster, Fensterläden, Türen) in erreichbarer Nähe des Pferdes.

Tipp

→ **Halte Wasch- und Putzplatz freiwillig sauber. Niemand kehrt gern den Dreck weg, den dein Pferd hinterlassen hat.**

Selbst wenn du keine geeignete Anbindemöglichkeit findest – die **Box** ist ein **ungeeigneter** Ort für **Pferdepflege**. Die wenigsten Boxen sind hell genug, selbst bei eingeschaltetem Licht. Der **Staub**, den du beim Putzen aufwirbelst, belastet die **Atemluft** des Pferdes und setzt sich gleich wieder auf das Fell. Und systematische **Hufpflege** ist nur schwer möglich, wenn das Pferd in der Einstreu steht.

Stell dein Pferd zum Putzen lieber in die **Stallgasse**. Die größte Kontrolle hast du über das Pferd, wenn du es von **rechts** und **links gleichzeitig** anbindest, wie auf der Zeichnung unten.

Aber Achtung: Ein Pferd muss diese strenge **Form** des Anbindens **gewöhnt** sein. Ziehe die Stricke nicht straff – das Pferd soll seinen Kopf noch hin- und herdrehen können.

Ordnung muss sein

Entferne alle **beweglichen Gegenstände** aus der Reichweite der **Pferdehufe** – zum Beispiel an die Boxenwand gelehnte Besen oder gar Mistgabeln, Schubkarren, Sattelzeug und schließlich auch deinen Putzkasten.

Achte darauf, dass jeder, der an deinem Pferd vorbei möchte, es deutlich **anspricht**. Lass erst zu, dass der Futterwagen oder ein Schubkarren eng am Pferd **vorbeigeschoben** wird, wenn es sicher erkannt hat, was sich da nähert. Auch ein braves Pferd kann erschrecken, wenn unverhofft ein rollendes Ungetüm dicht an ihm vorbeikommt.

Trickreiche Knoten

Binde das Pferd immer mit einem speziellen **Pferdeknoten** an. Übe diese Knoten, bist du sie sicher beherrschst! Beide bieten drei große **Vorteile**:

- Ein **Pferd** kann sie **nicht** selbst öffnen, wenn es daran herumknabbert.

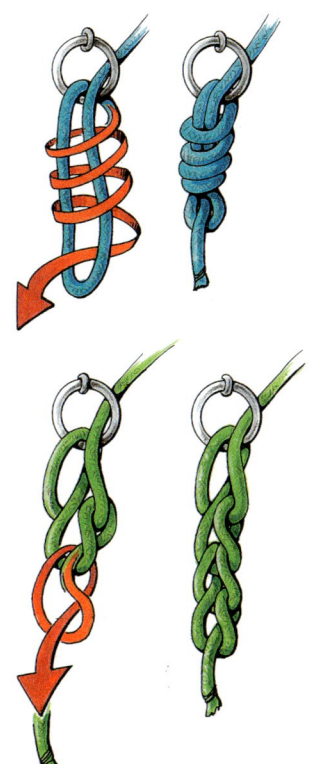

Diese beiden Anbindeknoten für Pferde lassen sich notfalls leicht mit einer Hand öffnen.

- ■ Sie **ziehen** sich selbst dann **nicht fest**, wenn sich ein Pferd mit voller Kraft in den Strick hängt.
- ■ Sie lassen sich von dir **leicht** mit einer Hand **öffnen**.

Zu lang, zu kurz

Obwohl Pferde sich im Laufe ihres Lebens daran gewöhnen, werden sie eigentlich **nicht gern angebunden**. Für ein Fluchttier ist es immer eine unangenehme Situation, nicht fliehen zu können.

→ Löse im Zweifelsfall lieber den Strick und erlaube dem Pferd, einen selbstgewählten **Sicherheitsabstand** einzunehmen.

Vermeide folgenschwere **Fehler** beim **Anbinden**:

- ■ Binde nicht **zu lang** an – die Vorderbeine können sich im Strick verfangen.
- ■ Binde nicht **zu kurz** an – Panikgefahr.
- ■ Binde nicht **zu tief** an – das Pferd kann über den Strick steigen oder ihn selbst drastisch verkürzen, wenn es den Kopf daruntersteckt.
- ■ Binde nie an einem **beweglichen Teil** (Türgitter, Türangel, Fensterladen) an. Pferde können Türen und Fenster aus den Angeln heben.

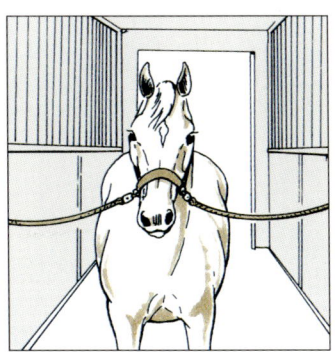

Richtig in der Stallgasse angebunden

Richtig an einer Stange angebunden

Richtig vor einer Wand angebunden

Meinem Pferd geht es gut
Gesunde Pferde, kranke Pferde

Wache Augen, glänzendes Fell

Jeder Pferdebesitzer und Reiter wünscht sich ein gesundes Pferd, das sich rundherum wohlfühlt. Aber manchmal ist es gar nicht so einfach, festzustellen, ob ein Pferd tatsächlich gesund ist oder was ihm vielleicht fehlt.

Pferde ertragen Schmerzen geduldig und stumm; sie können uns nur ohne Worte ihr Befinden zeigen. Ein gesundes Pferd erkennst du an wachen, klaren Augen, einem glatten, glänzenden Fell, einem aufmerksamen Ohrenspiel und natürlicher Lebhaftigkeit in seinem Verhalten.

Wenn ein Pferd sich plötzlich anders verhält als sonst, kann das immer ein Zeichen dafür sein, dass es sich nicht wohlfühlt.

Am einfachsten zu entdecken sind die deutlichen äußeren Krankheitsanzeichen wie Schwellungen, Hautkrankheiten, offene Verletzungen oder Lahmheiten, tränende Augen, Husten und eine laufende Nase.

Schwieriger zu erkennen sind die Anzeichen für innere Erkrankungen, Schmerzen und Fieber.

Tipp

→ **Fühle dein Pferd beim Putzen mit beiden Händen ab. So erkennst du Schwellungen, Entzündungsherde, Hautveränderungen.**

Alarmsignale

Achte besonders auf:
- ■ Futterreste in der Krippe
- ■ einen hängenden Kopf
- ■ trübe Augen, Teilnahmslosigkeit
- ■ dauerndes Scharren und wiederholtes Wälzen
- ■ Unruhe und Sich-Umschauen nach dem Bauch
- ■ Schweißausbruch, Zittern

Bei all diesen Anzeichen musst du einen Tierarzt rufen.

Auch Husten oder Bauchweh müssen vom Tierarzt behandelt werden. Die Atemwege der Pferde können durch Krankheiten bleibenden Schaden davontragen. Und Koliken – der Sammelname für alle Arten von Bauchweh – sind für Pferde lebensgefährlich.

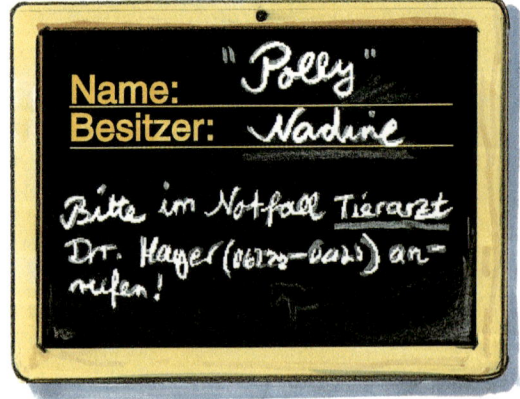

Eine nützliche Vorsichtsmaßnahme:
die Telefonnummer des Tierarztes an der Box.

Dieses Pferd ist zu fett.

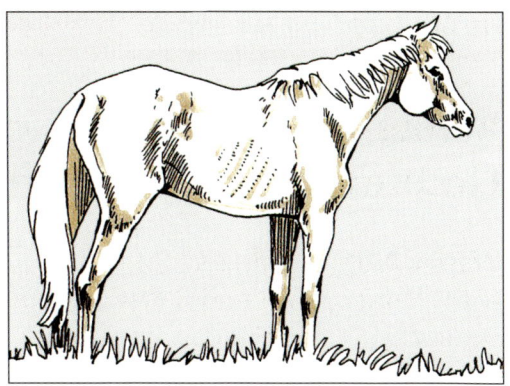

Dieses Pferd ist zu mager.

Der Futterzustand

Das offensichtlichste Anzeichen dafür, ob es einem Pferd gut geht oder nicht, übersieht man leicht: den **Futterzustand**. Wer ein Pferd jeden Tag anschaut, dem fällt es nicht so leicht auf, ob es zu- oder abnimmt.

Fette Pferde müssen überflüssige Pfunde mit sich herumschleppen – sie sind meist faul und wenig leistungsbereit. Bei **Überfütterung** können Pferde eine gefährliche Stoffwechselerkrankung bekommen, die **Hufrehe**.

Hier hilft nur eine gezielte Suche nach der **Ursache** für das **Übergewicht**. Ist die **Weide** zu fett, bekommt das Pferd zu viel **Kraftfutter**, schlägt es sich unentwegt den Bauch mit Stroh voll? – Fachmännische Fütterung schafft Abhilfe.

→ Frage notfalls den Tierarzt um Rat!

Magere Pferde mit eingefallenen **Flanken**, hervorstehenden **Rippen** und Hüfthöckern und schlechtem **Fell** sind ebenfalls **nicht leistungsfähig**. Auch hier gilt es, die **Gründe** aufzudecken: Bekommt das Pferd zu wenig,

Dieses Pferd ist richtig gefüttert.

schlechtes oder unausgewogenes **Futter**? Muss es zu viel **arbeiten**?

Fehlen wichtige **Vitamine** und **Mineralstoffe**? Hat es **Zahnprobleme**?

Der Tierarzt kann ein **Blutbild** erstellen und eine professionelle **Futteranalyse** veranlassen. Bei **richtig gefütterten** Pferden kann man noch eine Andeutung der **Rippen** sehen.

Genauso wichtig wie gute Fütterung ist das fachgerechte **Training**. Die richtigen **Muskeln** an Hinterhand, Hals und Rücken lassen das Pferd gesund und schön aussehen.

Vorsorge und erste Hilfe
Ein Pferd gesund erhalten

Wasser hilft

Nicht immer, wenn es um **Pferdegesundheit** geht, brauchst du gleich den Tierarzt. Regelmäßige **Pflege** und **vorbeugende Maßnahmen** helfen, ein Pferd gesund zu erhalten.

Das wichtigste **Allheilmittel** im Pferdestall ist **Wasser**. Es dient nicht nur der Sauberkeit, sondern auch der Kühlung.

Tipp

→ **Denke auch an eine Mini-Stallapotheke für dich: ein Päckchen mit Pflastern.**

→ Pflege dein Pferd nach dem Reiten genauso gründlich wie vorher!

Gewöhne dir an, alle **verschwitzten Stellen**, an denen Sattelzeug gelegen hat, mit einem **feuchten Schwamm** abzuwischen. Sauberes Fell trocknet schneller.

Unter dem Sattelzeug

Achte in der Sattellage und in der **Gurtlage** auf Stellen, die auffallend schnell trocknen. So kündigt sich beginnender **Satteldruck** an, bevor du eine Schwellung erkennen kannst. Hier musst du gut mit Wasser **kühlen**.

Spritze die Pferdebeine nach dem Reiten regelmäßig mit Wasser ab und **kühle** dabei mit einem nicht zu scharfen Wasserstrahl die Sehnen.

Fühle das Pferd beim **Putzen** regelmäßig auf **Druck-** und **Scheuerstellen**, **Schwellungen** und kleine **Verletzungen** ab.

Schone das Pferd bei Anzeichen von **Druckstellen** unter der Trense und in der Sattel- und Gurtlage sofort. Prüfe die Größe, Verschnallung und Lage des Sattelzeugs. Unterlege die empfindlichen Stellen mit **Lammfell**, wenn das Pferd wieder geritten wird. Für Gurt und Trense gibt es spezielle **Fellschoner** zu kaufen.

Wurmkur und Impfungen

Für einige **Vorsorge-Maßnahmen** brauchst du den Tierarzt:

- regelmäßige Wurmkuren
- Impfungen
- Zahnkontrolle.

Mindestens zweimal im Jahr muss dein Pferd **entwurmt** werden, bei Weidepferden kann es auch öfter nötig sein. Das Mittel zur Entwurmung wird meist mit einer großen Spritze direkt in das Maul des Pferdes gespritzt.

Die **Backenzähne** mancher Pferde müssen regelmäßig vom Tierarzt **geraspelt** werden.

Alle Pferde sollten gegen **Tetanus geimpft** sein. Die Erreger des lebensgefährlichen Wundstarrkrampfes haben nämlich eine besondere Vorliebe für den Pferdestall.

→ Lass dich auch selbst gegen Tetanus impfen!

Impfungen gegen die ansteckende **Pferdegrippe** sind in vielen Ställen Pflicht. Außerdem kannst du dein Pferd gegen gefährliche **Herpes-Viren** impfen lassen.

Für Weidepferde empfiehlt sich außerdem eine **Tollwut-Impfung**.

Für Turnierpferde ist ein bestimmter **Impfschutz** vorgeschrieben. Erkundige dich danach!

Für jedes Pferd wird ein **Impfpass** ausgestellt. Das ist ein wichtiges **Dokument**, das ein Pferdebesitzer gut aufheben muss.

Die Stallapotheke

Für **erste Hilfe** und kleinere **Verletzungen** steht eine Stallapotheke bereit. Sie sollte folgende Dinge enthalten:

- ein Fieberthermometer
- ein Desinfektionsspray zur Behandlung kleiner Wunden
- Desinfektionsmittel in Tablettenform
- Wundpuder
- Heilsalbe
- Verbandmull
- elastische Binden oder Bandagen
- Material zur Polsterung
- Tesaband (zur sicheren Befestigung eines Verbandes)
- eine Schere.

Alle **offenen Wunden** beim Pferd sollten **desinfiziert** werden. Für kleine Verletzungen reicht **Desinfektionsspray**. Aber Achtung: manche Pferde haben Angst vor Spraydosen.

Größere Wunden brauchen eventuell einen **Verband**. Lass dich im Zweifelsfall von einem erfahrenen Reiterkollegen beraten.

Große und **tiefe Verletzungen** muss der Tierarzt behandeln und notfalls nähen.

→ Führe alle Anweisungen des Tierarztes stets sorgfältig aus!

Tierschutz geht jeden an
Die große Verantwortung der Pferdehalter

Kenntnisse erforderlich

Tierliebe allein genügt nicht. Im Tierschutzgesetz wird gefordert, dass jeder, der ein Tier hält oder betreut, über die dafür nötigen speziellen Kenntnisse und Fähigkeiten verfügt: Er muss das Tier angemessen ernähren und pflegen können und es artgerecht unterbringen.

Auf jeden, der ein Pferd besitzt, reitet oder pflegt, kommt damit eine große Verantwortung zu. Jeder, der mit einem Pferd umgeht, braucht Grundkenntnisse über die natürlichen Bedürfnisse und das Verhalten dieser Tierart. Viele Beispiele für falschen Umgang mit Pferden entstehen durch Unwissenheit.

Tipp
→ Tierquälerei anzuzeigen, fordert Mut. Suche Gleichgesinnte!

Dass Tiere genügend Bewegungsmöglichkeiten haben müssen, ist sogar gesetzlich geregelt. Für Pferdehalter heißt dies zum Beispiel, dass sie ihr Fluchttier Pferd nicht dauernd in eine Box sperren dürfen, ohne für einen angemessenen Ausgleich durch Bewegung zu sorgen.

Freilich – gute Behandlung für Tiere kann nicht durch Gesetze erzwungen werden. Hier muss jeder einzelne Tierfreund mithelfen!

Nicht mit Gewalt

Die allermeisten Reiter würden sich selbst als Tierfreunde bezeichnen. Aber die wenigsten kennen die Gesetze zum Schutz der Tiere ganz genau.

Laut Tierschutzgesetz ist zum Beispiel verboten:

- einem Tier außer in Notfällen Leistungen abzuverlangen, denen es…nicht gewachsen ist oder die offensichtlich seine Kräfte übersteigen…
- Maßnahmen im Training oder bei sportlichen Wettkämpfen, die mit erheblichen Schmerzen, Leiden oder Schäden verbunden sind und die Leistungsfähigkeit beeinflussen können
- bei sportlichen Wettkämpfen Dopingmittel anzuwenden
- ein Tier auszubilden oder zu trainieren, sofern damit Schmerzen, Leiden oder Schäden für das Tier verbunden sind.

Schmerzen, Leiden und Schäden werden Pferden auch durch Reiter zugefügt – das ist eine traurige Wahrheit, vor der kein echter Tierfreund die Augen verschließen darf.

Überforderung und falsche Beanspruchung von Pferden gibt es nicht nur im Spitzensport. Viele Fehler im Umgang mit dem Pferd und beim Reiten entstehen durch Unwissenheit und **Unvermögen**. Echte Pferdefreunde suchen bei auftretenden Schwierigkeiten den **Fehler** zunächst bei **sich selbst**.

Vernachlässigung

Während Pferde in vielen Reitställen geradezu verwöhnt werden, gibt es auch das krasse Gegenteil: **mangelnde Fürsorge** und **Vernachlässigung**.

Vielleicht entdeckst du sogar selbst einmal ein bedauernswertes Pferd, das **ohne** genügend **Futter** und ausreichendes **Wasser**, ohne menschliche **Fürsorge** und **tierärztliche Behandlung** abgemagert und krank hinter einem Stacheldrahtzaun steckt.

Zögere nicht, deine Beobachtung weiterzugeben. In jedem Reiterverein kannst du die Nummer des zuständigen **Tierschutzbeauftragten** erfragen.

Der **Amtstierarzt** ist dafür zuständig, mangelhafte Pferdehaltung unter die Lupe zu nehmen und notfalls einzuschreiten.

Tierschutz Gesetz §

Die Autorin

Isabelle von Neumann-Cosel,
Jahrgang 1951, ist Journalistin, Reit-
lehrerin und Richterin. Sie hat im
FN*verlag* unter anderem „Das Pferdebuch für junge Reiter", fünf Titel einer
Sachbilderbuch-
reihe und zwei
FN-Lehrfilme
über die Reit-
ausbildung von
Kindern veröf-
fentlicht.

Foto: Thome ©

Die Illustratorin

Jeanne Kloepfer, Jahrgang 1966, ist
Diplom Grafik-Designerin und Illustratorin. Sie lebt und arbeitet in Heidelberg. Nach dem Studium entschloss
sie sich für die Selbstständigkeit und
ist sowohl in
der Werbung
als auch bei
Verlagen tätig –
mit dem
Schwerpunkt
„Pferde".

Was Pferdefreunde wissen wollen

Jeweils 48 bzw. 64 durchgehend
farbig illustrierte Seiten,
Format 17 x 24 cm, gebunden,
je DM 26,80

**Kleines Hufeisen –
Großes Hufeisen.
So klappt die Prüfung**
ISBN 3-88542-296-4

Pferde – meine besten Freunde
ISBN 3-88542-318-9

In der Reitschule
ISBN 3-88542-319-7

Pferdepflege macht Spaß
ISBN 3-88542-322-7

Kleine Ponys – große Pferde
ISBN 3-88542-323-5

Reiterferien sind ein Traum
ISBN 3-88542-333-2

Im Stall und auf der Weide
ISBN 3-88542-332-4

Das Sachbilderbuchprogramm zum Vorlesen und für Erstleser

Jeweils 32 Seiten mit durchgehend farbigen Illustrationen,
Format 21 x 26 cm, gebunden, je DM 24,80

Das Pferdebuch für Kinder
ISBN 3-88542-287-5

Das Ponybuch für Kinder
ISBN 3-88542-288-3

**Das Buch vom
Pferdepflegen für Kinder**
ISBN 3-88542-294-8

**Das Buch vom
Pferdestall für Kinder**
ISBN 3-88542-295-6

**Das Buch vom
Reiten lernen für Kinder**
ISBN 3-88542-317-0

1. Pferde brauchen Menschen

Pferde sind auf uns Menschen angewiesen. Wir Pferdefreunde tragen die Verantwortung dafür, dass es jedem einzelnen Pferd gut geht – auch du.

2. Pferde müssen richtig versorgt werden

Pferde brauchen Wasser und Futter, Licht und Luft, viel Bewegung und Kontakt zu anderen Pferden. Wir Pferdefreunde sorgen dafür, dass es jedem Pferd gut geht – auch du.

3. Die Gesundheit geht vor

Gesundheit und Zufriedenheit des Pferdes sind wichtiger als Erfolge um jeden Preis. Uns Pferdefreunden geht das Wohl jedes einzelnen Pferdes vor – auch dir.

4. Alle Pferde sind wertvoll

Alle Pferde verdienen Pflege und Zuneigung, egal ob jung oder alt, Weidepony oder Turnierpferd, Zuchthengst oder ausgedientes Schulpferd. Wir Pferdefreunde wissen, dass alle Pferde gleich gut behandelt werden müssen – auch du.

5. Pferde und Menschen haben eine lange gemeinsame Geschichte

Zwischen Pferden und Menschen besteht seit Tausenden von Jahren eine enge Verbindung.
Wir Pferdefreunde sind bereit, vom enormen Wissen früherer Zeiten und fremder Kulturen über Pferde zu lernen – auch du.

6. Pferde sind gute Lehrer

Pferde spüren Ungeduld und Unbeherrschtheit. Sie belohnen Freundlichkeit und Geduld. Wir Pferdefreunde lernen gern von unseren Pferden – auch du.